- PAULO ROBERTO -

UM SANTO SEM ROSTO

DESFIGURADO PELA DOR
TRANSFIGURADO PELO AMOR

PE. JOÃO HENRIQUE

- PAULO ROBERTO -

UM SANTO SEM ROSTO

DESFIGURADO PELA DOR
TRANSFIGURADO PELO AMOR

ANGELVS
EDITORA

Aliança da
Misericórdia

Dados Internacionais de Catalogação na Publicação (CIP)
(Câmara Brasileira do Livro, SP, Brasil)

```
Henrique, João
   Um santo sem rosto : desfigurado pela dor,
transfigurado pelo amor / Pe. João Henrique. --
1. ed. -- São Paulo : Angelus Editora, 2022.

   ISBN 978-65-89083-28-3

   1. Amor (Teologia) 2. Caridade - Cristianismo
3. Esperança - Aspectos religiosos - Cristianismo
4. Fé (Cristianismo) 5. Roberto, Paulo, 1982-2002
6. Santidade - Cristianismo I. Título.

22-133771                               CDD-270.092
```

Índices para catálogo sistemático:

1. Esperança : Histórias de vida : Cristianismo
   270.092

Eliete Marques da Silva - Bibliotecária - CRB-8/9380

2ª EDIÇÃO

UM SANTO SEM ROSTO
DESFIGURADO PELA DOR
TRANSFIGURADO PELO AMOR

Copyright - 2022

©Angelus Editora

Direção Editorial:
Maristela Ciarrocchi

Revisão:
Tatiana Rosa Nogueira Dias

Capa, Projeto Gráfico e Diagramação:
Gabriel Cavaletto

Imagens e fotos:
Divulgação (imagens da capa) e
Arquivo Comunidade Aliança de Misericórdia

ISBN: 978-65-89083-28-3

SUMÁRIO

PREFÁCIO..11

INTRODUÇÃO
    "Creio na comunhão dos santos"................13

Capítulo I - Encontrei um tesouro.........................17

Capítulo II - "Se tivesse que nascer de novo, nasceria com o câncer"..23

Capítulo III - Ardor Missionário............................37

Capítulo IV - A vida fraterna..................................45

Capítulo V - Um santo sem rosto...........................57

Capítulo VI - Carta testamento..............................63

Capítulo VII - Vítimas da Misericórida.................65

Apêndice
    Cartas de Paulo Roberto...............................69

Fotos...77

Paulo Roberto ao lado da Mãe Josefa.

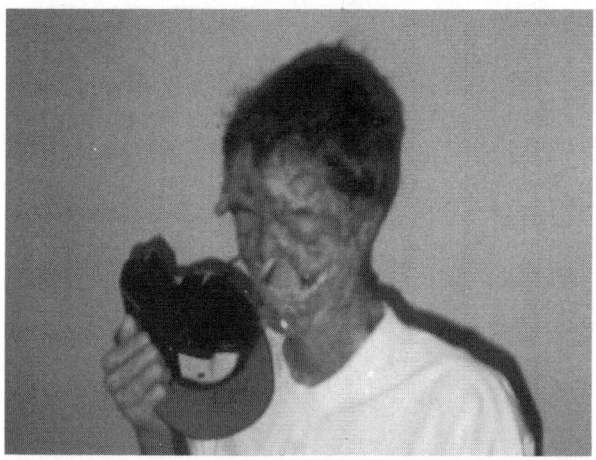

Paulo Roberto com o rosto completamente desfigurado pelo câncer de pele.

PREFÁCIO

Conheci a Aliança de Misericórdia em novembro de 2020, quando lancei o livro sobre o Padre Cícero. Um dos locais escolhidos para a divulgação do mesmo foi a sede da Aliança de Misericórdia em Barbalha - CE. Até então, eu só sabia que era uma comunidade de vida como tantas outras pelo Brasil afora. Não imaginava que, um ano depois, eu estaria vivendo um tempo de oração e discernimento na comunidade Aliança e bebendo do mesmo carisma.

Na primeira semana de convivência, tive a graça de participar da Missa em ação de graças pela aprovação definitiva dos estatutos da comunidade, e ganhei naquele dia de festa um belíssimo livro, escrito por um dos fundadores, o Padre João Henrique. O livro conta a história da comunidade, com testemunhos e relatos impressionantes. Eu o li em poucas horas, de tão envolvente que é.

De todos os relatos contidos no livro, um deles me marcou profundamente: a história de Paulo Roberto, o jovem sem rosto. Que coisa espantosa! Viver sem rosto, sem nariz, sem boca, e ainda por cima exalar um mau cheiro e ter que se proteger das moscas e mosquitos. Parecia cena de filme, mas era um caso da vida real.

Paulo Roberto foi uma das chamadas "vítimas da Misericórdia". Após um caminho de conversão, passou a testemunhar sua fé nos encontros organizados pela Aliança de Misericórdia. Mesmo sem rosto, mesmo com tanto sofrimento, falava de Deus com emoção, levando esperança a tantos outros irmãos sofridos.

Descobrir a história de Paulo Roberto mudou a minha vida. Hoje eu tenho, no meu pequeno oratório, um retratinho seu. Fica aos pés da cruz, ao lado das imagens dos santos. Sempre que eu penso em reclamar, seja lá qual for o motivo da reclamação, eu olho para a foto de Paulo Roberto e me calo. Digo a mim mesmo: eu não tenho direito de reclamar nada! Por mais que apareçam dificuldades em minha caminhada, devo me lembrar que existem outros que sofrem muito mais. Após a divulgação do Paulo Roberto nas minhas redes sociais, ele ficou conhecido como o "santo sem rosto", mas eu prefiro chamá-lo de "santo do silêncio", pois ele me ensina a ficar calado sempre que o incômodo bate à minha porta.

Que o testemunho de Paulo Roberto seja conhecido no mundo inteiro, para que os cristãos tenham ânimo e descubram que, apesar dos sofrimentos desta vida, o nosso olhar deve estar voltado para a outra que nos aguarda no Céu. Lá, o Paulo Roberto tem um rosto, e um dia iremos conhecer.

Que sua vida também nos ensine a encontrar Deus no rosto dos que sofrem, levando consolo e esperança a todos eles, a fim de que o corpo marcado pela dor, seja ocupado por uma alma cheia de fé.

Pe. Gabriel Vila Verde

INTRODUÇÃO

"Creio na comunhão dos santos."

Ao longo da minha vida tive a graça de encontrar vários irmãos que a Igreja canonizou ou que estão em processo de canonização e que hoje são reconhecidos como bem-aventurados. Alguns deles fazem parte da minha história, em especial Papa São João Paulo II, Madre Teresa de Calcutá, Chiara Lubich, Pe. Pio, Dom Luciano Mendes, Madre Carmela e Natuzza Evolo[1], Lolla[2].

Creio porém que muitos mais "santos da porta ao lado"[3] fizeram e hoje fazem parte da

---

[1] Carmela Carabelli - Melegnano/Itália 9/5/1910 á 25/11/1978 e Natuzza Evolo - Mileto/Itália 23/8/1924 à 1/11/2009, Místicas italianas.

[2] Lola, mística brasileira, viveu mais de 60 anos somente da eucaristia em Rio Pomba - MG.

[3] "Olhemos para os 'santos da porta ao lado' que, com simplicidade, respondem ao mal com o bem, têm a coragem de amar os inimigos e rezar por eles". Destacou Papa Francisco em de seus pronunciamentos no dia 3/8/2020.

minha e de sua vida e acompanham a minha e a sua missão, e também a missão da Aliança de Misericórdia. Creio que o Espírito está suscitando cada vez mais uma "Igreja pobre para os pobres", "hospital da humanidade".

Experimentamos várias vezes que, como disse Jesus para Santa Faustina *"A misericórdia transforma os pecadores em santos e testemunhas da Sua misericórdia!"*[4].

Conheci vários "bons ladrões" que morreram santamente e que, sem dúvida, como São Dimas ouviram, ao fecharem os olhos nessa vida terrena: "Hoje mesmo estarás comigo no paraíso!". Conheci e conheço muitos "santos da porta do lado", irmãos missionários, homens e mulheres do povo, pobres e doentes que me edificam e me convertem. Entre esses, alguns brilham de luz particular pelo "caminho heróico" na entrega à vontade do Pai.

Este livro relata um pouco sobre a vida de um desses irmãos: Paulo Roberto, um jovem que morreu com 19 anos de idade, depois de sofrer por 18 anos com câncer de pele, assumindo sua missão na dor. "Se pudesse nascer de novo, gostaria de nascer de novo como Deus quis, com

---

4   Diário de Santa Faustina.

esta doença, pois tenho medo de que com a saúde do corpo, poderia perder a saúde da alma e porque tenho certeza de que ao longo da vida só fiz a vontade do Pai." dizia Paulo Roberto, e acrescentava: "A carne não é o limite".

Em seu rosto "desfigurado pela dor" era de fato "transfigurado pelo amor".

Desejo que este livro possa despertar em cada um o chamado à santidade pois, como dizia Santa Madre Teresa de Calcutá: "A santidade não é privilégio de alguns, é um dever para todos!".

Que o Senhor o abençoe e o guarde, faça resplandecer o Seu Rosto sobre ti e te dê a paz!

Pe. João Henrique

Capítulo I
ENCONTREI UM TESOURO

Conheci Paulo Roberto no começo do ano de 2000, ano de fundação da Aliança de Misericórdia, uma nova família eclesial que nasceu na passagem do ano Santo 2000, na alvorada do terceiro milênio, que o Santo Papa João Paulo II quis consagrar à Divina Misericórdia.

A Aliança, de que o Paulo Roberto virá depois a ser um membro, é um Movimento composto por vários, estados de vida e diferentes modos de pertença, cujo carisma é "testemunhar a Misericórdia divina, que transforma os pecadores em Santos e testemunhas da Misericórdia" como escreveu Santa Faustina em seu diário.

Paulo Roberto foi de fato, quase que "um fundador" de uma das expressões mais fortes deste carisma: "as vítimas da Misericórdia".

Em fevereiro do ano de 2000, apenas um mês após o nascimento da Aliança, fui chamado por Janaína, uma amiga de Paulo Roberto, para que pudesse levar a Eucaristia a um jovem enfermo de câncer de pele. Soube que o sacerdote da paróquia, que havia ido levar a comunhão Eucarística para o Paulo, tinha passado mal e desmaiado quando, para receber as sagradas espécies, viu-o completamente desfigurado pela enfermidade.

Janaína sabia que eu já tinha cuidado espiritualmente de irmãos com hanseníase (lepra) e que atualmente cuidava dos irmãos que vivem nas "cracolândias" da vida e que por isso poderia ser menos impactante para mim poder levar a Eucaristia para este jovem amigo dela.

Nos anos passados, no meu encontro com os enfermos de lepra, havia descoberto que atrás daqueles rostos desfigurados e corpos deformados existiam tesouros preciosos, verdadeiros santos que me convidavam a um caminho de conversão contínua. Nesses irmãos eu via a fragilidade da vida humana, como diz a Palavra *"É como a flor do campo que se abre e logo murcha, foge como sombra sem parar."* (Jó 14, 2), mesmo assim no encontro com esses irmãos, o Senhor me levou a reconhecer o Seu próprio rosto desfigurado pela dor e descobrir que o essencial da vida não está naquilo que é material e que passa tão rápido, mas naquilo que permanece para sempre. Creio que por isto tantos tenham medo da doença especialmente destas enfermidades que "devastam" a carne humana. Não tenho dúvida que esses encontros são um verdadeiro "choque existencial", por meio dessas experiências percebemos que *"Quem semeia na carne, da carne colherá corrupção; quem semeia no espírito, do espírito colherá a vida eterna"* (Gl 6, 8).

Assim foi que naquela bela manhã de fevereiro fui até Carapicuíba (SP) acompanhado por Janaína para levar a Eucaristia para Paulo Roberto. Durante o caminho no velho fusquinha verde (nosso único meio de transporte na época), Janaína me explicou que o Paulo Roberto tinha ficado doente de câncer de pele desde o seu primeiro ano de vida. Atualmente, estava com 18 anos e seu corpo era todo uma chaga, seu rosto tinha perdido alguns traços, especialmente a boca, o nariz, as orelhas e os olhos atingidos pela doença, sofreram deformações profundas.

Chegando na casa de Paulo Roberto a mãe, dona Josefa, nos abriu a porta e nos acolheu com um sorriso sereno e sofrido. Descobri depois com quanto carinho e sacrifício ela e o pai Sr. Antônio cuidaram desde criança deste filho querido, mesmo com tanta dificuldade econômica.

Ao abrir a porta, nos alcançou um cheiro de carniça, mas tive a percepção de que no amor daquele lar podia-se sentir o perfume de Cristo.

Chegamos finalmente no quarto do Paulo Roberto, ele estava sentado na cama esperando o "Corpo de Cristo". Os lençóis eram manchados de pus e de sangue, muitas pequenas chagas cobriam o seu corpo magro consumido pela enfermidade.

Uma máscara cirúrgica cobria sua face, mas percebi logo que ficou repleto de alegria. Pediu-me para confessar e a partir daquele momento, nasceu entre nós dois uma profunda comunhão espiritual que não se acabou mesmo depois de sua morte, a trago até os dias de hoje.

Paulo Roberto esperava Jesus com fome. Tinha experimentado que aquele corpo Eucarístico era o alimento que sustentava o seu corpo e santificava a sua alma.

Quando ele tirou a máscara que cobria a sua face e comungou naquela boca que quase não tinha lábios e cujas gengivas eram deformadas pelo câncer, eu vi o rosto ensanguentado de Cristo na Sua Paixão, desfigurado pela dor. Percebi que estava perante um "mistério", perante uma "Eucaristia viva", que se consumia por amor.

Era como se o Corpo de Cristo e do Paulo

fossem um só corpo. Me comovi profundamente, neste momento em que tudo falava de dor, tudo era amor.

Foi depois da comunhão que Paulo começou a me contar sua história, desde sua infância. Na sua "Via Crucis"[5] teve o pai, a mãe e Janaína como Cireneus que o ajudaram a levar a sua cruz de um hospital ao outro, de uma cirurgia a outra desde o 1º ano de idade. O que mais me impressionou foi perceber a sua serenidade, aquela carne "apodrecida" irradiava uma felicidade transbordante.

Me contou que, desde pequeno, entendeu que Jesus o convidava a oferecer-se como vítima de amor pela salvação das almas e em particular, pela conversão dos jovens que amava de todo coração e sofria muito vendo jovens tristes, com força e saúde mas que se destruíam pela droga, pelo sexo desregrado e outras enfermidades da alma. Ele sentia que o sofrimento do corpo era pouca coisa, perante o sofrimento destas almas que se perdiam.

Quando contei para ele sobre a minha vida e da Aliança de Misericórdia que acabava de nascer, logo Paulo Roberto se identificou com o carisma, suplicava desde sempre a Misericór-

---

5 Via dolorosa.

dia de Jesus para esta humanidade perdida. Disse-lhe que na Aliança havia a possibilidade de oferecer as doenças incuráveis e a própria morte como "Vítima de Misericórdia" para a conversão dos pecadores, ao ouvir isso, deu um suspiro de alegria. Era como se tivesse chegado em casa e encontrado a família que sempre procurou.

A partir deste momento, o acolhi como a um filho e fizemos um pacto de comunhão espiritual, sua vida se tornou fonte de graça e fecundidade para o meu sacerdócio e para a evangelização de toda a Família Aliança de Misericórdia, que o acolheu como um grande presente do Pai, um irmão tão querido por todos e que, apesar de todo limite da enfermidade, começou a frequentar por quanto possível nossos encontros e nossas evangelizações.

Todos podiam contemplar em sua face o rosto do homem desfigurado pela dor e o rosto de Cristo transfigurado pelo Amor.

Capítulo II

"SE TIVESSE QUE NASCER DE NOVO, NASCERIA COM O CÂNCER"
(Paulo Roberto)

Nascer com câncer

Paulo Roberto viveu um relacionamento profundo, íntimo e particular com Jesus. Desde criança viveu experiências muito profundas conforme me confidenciou algumas vezes e como relatou em algumas das suas cartas que anexamos.

Nunca duvidei de sua sinceridade, pois era muito discreto e guardava no seu coração todos estes acontecimentos, como aprendeu de Maria, sua Mãe, que o auxiliou sempre, nos momentos mais dolorosos ao longo de sua vida. A Palavra de Deus nos diz que *"Uma árvore é conhecida pelo seu fruto"* (cf. Lc 6, 44). Neste sentido tenho a certeza que as experiências que ele viveu foram reais, concretas e eficazes.

Não sei dizer de que forma ele experimentava estas visitas de Jesus, mas sei dizer que seus diálogos com o Senhor tinham uma profundidade que era humanamente inexplicável e que só podiam ser dons do Céu para a sua alma poder transfigurar a dor em Amor, as trevas em Luz e a provação em Graça.

Lembro, por exemplo, um dia quando me relatou sobre uma visita de Jesus a ele quando ainda era criança. Naquela ocasião, sentiu-se tocar o braço machucado pelo câncer e percebeu que Jesus foi visitá-lo. Era um momento muito dolorido de sua vida em que a doença se tornara particularmente agressiva. O Senhor o convidou a perceber o sentido mais profundo da Cruz que carregava e lhe perguntou: *"Paulo Roberto, se você tivesse que nascer de novo, gostaria de nascer sadio ou ainda doente?"*. Paulo respondeu com uma firmeza e coragem que só poderia vir do Espírito Santo: *"Jesus, se tivesse que nascer de novo, gostaria de nascer ainda doente, porque tenho medo que com a saúde do corpo poderia perder a saúde da alma, mais ainda, porque tenho certeza que, ao longo da vida só fiz a vontade do Pai e esta é a minha alegria."* Ao ouvir este relato tive a certeza que o próprio Espírito Santo era o seu Mestre.

Lembrei então de quando nos falou o Padre Jonas Abib, fundador da Canção Nova, quando pela primeira vez o encontramos para falar do chamado que sentíamos para a fundação da Aliança. Ele nos confirmou quanto ao chamado e nos disse que como o coração faz no corpo humano, a Aliança era chamada a receber muito sangue poluído, carregado pelos sofrimentos de uma humanidade sofrida, machucada e órfã, e devolver ao corpo o sangue purificado pela Misericórdia do Senhor. Disse ainda, que chegariam muitas vocações, muitos filhos (nós sonhávamos uma pequena comunidade) e que teríamos duas tentações: a primeira aquela de querer "controlar tudo" e assim arriscar de sufocar a vida e a fecundidade do carisma; A segunda, aquela de ficar tristes ou sentirmos culpados por não conseguir formar os filhos, mas que o Senhor nos dizia que não ficássemos com essa preocupação pois o próprio Espírito Santo iria formá-los!

Na vida de Paulo Roberto vimos um testemunho dessa verdade que, naquele tempo, Pe. Jonas profetizou em nossas vidas.

Realmente esta obra é do Senhor e nós nos

sentimos mais espectadores que protagonistas fecundidade deste carisma.

Em Paulo Roberto, pudemos inúmeras vezes contemplar a obra do Senhor que sabia transformar pedras brutas em pedras preciosas, lapidadas pela ação do seu Espírito Santo.

Relato aqui, mais uma de suas experiências espirituais, uma de suas cartas que escreveu para mim, e que se tornou riquíssima para sua família Aliança de Misericórdia e para todos que a lerem.

"Carapicuíba, 20 de abril de 2001.

Testemunho

Queridos irmãos da Comunidade e jovens da Aliança de Misericórdia, gostaria de lhes dar um pouco do que tenho dentro do meu coração. Neste momento o inimigo acaba de tentar distrair a minha concentração para que nada diga a vocês. Mas é com grande alegria, irmãos, que quero declarar que o Senhor é Maravilhoso! Tudo Ele fez, tudo Ele faz e tudo Ele fará para que cada um de nós cumpra a nossa missão nesta terra.

Vejam vocês, eu, Paulo Roberto, nasci com deficiência de pele e hoje é câncer. Então, desde pe-

queno, quando já havia nascido com a deficiência de pele já me foi confiada a missão de sofrer para a remissão dos pecadores, daqueles que desde que nasceram, não conheceram a Deus; Até mesmo os que ouviram o nome de Jesus mas preferiram os prazeres, seguir a vida que oferece o mundo, os prazeres que ele pode oferecer. Estas oportunidades até hoje batem às portas dos corações dessas pessoas, mas Deus não desiste de seus filhos, Sua Misericórdia é maior do que qualquer pecado.

Deus confiou a alguns de seus filhos sofrerem pela salvação dessas almas. Eu aceitei sofrer nesta vida para a salvação de alguns que devo chamar de irmãos, mas o demônio me diz pela boca dos hipócritas: "Mas e a sua vida, Paulo Roberto? Você não tem um sonho na sua vida?". E eu digo: "Depois de aprender com Meu Pai, já tive sonhos de me casar, de ter filhos, mas o Senhor me ensinou que tudo nesta vida passa. Não adianta eu construir o meu castelo aqui e nele guardar as minhas riquezas, porque meu castelo nesta vida afundaria como uma 'casa que é construída sobre a areia.' (cf. Mt 7, 26)" E as minhas riquezas eu não consigo proteger e os ladrões vêm e roubam-me tudo. Por isso, hoje nada quero desta vida. Meu Pai Jesus Cristo já me confirmou: "Siga-me, tenha paciência, pois a sua dor um dia se acabará e as suas lágrimas Eu as enxugarei". Isto se aplica não só a mim, mas também a todos os doentes, os quais têm a mesma missão que eu tenho e eles também não se importam porque sabem que tudo o que eles passarem nesta vida, irá passar.

Existe, na Bíblia, a confirmação de tudo isso que estou dizendo. Durante esta leitura que pedirei que leiam agora, peço que deixem o Padre Henrique ler e que fiquemos refletindo esta Palavra por um minuto para que possa continuar o testemunho.

"Meu filho, se te ofereceres para servir o Senhor, prepara-te para a prova. Endireita teu coração e sê constante, não te apavores no tempo da adversidade. Une-te a ele e não te separes, a fim de seres exaltado no teu último dia." (cf. Eclo 2, 1ss)

Continuando, meus queridos irmãos, este testemunho no início não deixou muito claro o que eu quis dizer sobre 'eu nasci enfermo para salvar as almas'. Vejam vocês: será necessário o sofrimento maior, porque eu nasci doente e estou sofrendo por alguns dos meus irmãos, mas também existe outro doente que está sofrendo por mim, para me livrar de mim mesmo. Porque apesar de estar tendo consciência de que estou sofrendo para salvar almas, eu deveria ter a consciência de tentar não pecar tanto, porque da mesma forma que sofro e isso já senti muitas vezes durante toda a minha vida, tem outro sofrendo por mim, por causa da minha ignorância, dos meus atos e meus erros."

Se não tivesse nascido enfermo, sua vida

espiritual e sua caminhada com Deus teria sido mais difícil ou, pelo menos, com mais tentações carnais como o próprio Paulo Roberto relata em alguns momentos. Apesar de se tratar de apenas uma suposição, é isto que quis dizer ao afirmar que "se pudesse, escolheria nascer enfermo", pois o único sentido de sua vida foi caminhar com Deus, fazer a Sua vontade, sofrer e amar com alegria.

Continuação da carta:

"Gostaria de lhes dizer que Meu Pai hoje me ensinou a recolher outros tipos de riquezas, por exemplo, devido a gravidade da minha enfermidade, dos amigos que eu tinha, só restaram dois e a minha Comunidade, então é com grande alegria que digo: Obrigado Senhor! Porque hoje os irmãos, verdadeiramente, me amam. Vejo o sacrifício que meus irmãos fazem por mim. Amor que o Senhor disse aos seus discípulos: "Como eu vos amei, amai- -vos também uns aos outros." (cf. Jo 13, 34), isto se aplica a mim, a vocês á todos nós, o amor verdadeiro para com aquele que está enfermo, que está idoso, que está nas ruas, que está em todos os lugares, então meus irmãos vos peço que cumpramos cada um de nós sua missão nesta vida. A mim foi confiado carregar esta Cruz, que não me machuca

e nem mesmo me arranha, porque a Cruz maior o Senhor já carregou por nós, na verdade a nossa cruz de cada dia me parece que Quem carrega mais é o nosso Senhor Jesus Cristo.

Creio eu que no início não fui bem claro sobre o que quis dizer sobre as nossas riquezas, as riquezas com valores maiores do que as riquezas aqui desta terra, valores como aqueles sacrifícios que citei no início. Beijos que como diz o Senhor "saudai a todos os irmãos com o ósculo santo." (cf. Ts 5, 26) Estas são algumas das riquezas que eu guardo dentro de mim e são estas as riquezas que vou apresentar ao meu Pai um dia."[6]

Existe um texto de particular beleza e riqueza espiritual que não poderia deixar de ser compartilhado. É a sua "carta testamento". Naturalmente os testamentos se colocam no fim de uma biografia, mas neste caso vale a pena colocar aqui porque nos oferece uma bela chave de leitura para interpretar de forma certa, na luz do Espírito, toda a vida de Paulo Roberto. Como podemos ler, nesta carta, ele relata em seu testemunho, visitas da sua Mãe Maria e do Senhor que lhe revelaram "a chave da vitória" e os segredos da nossa existência nesta terra.

---

6 Primeira parte da carta de Paulo Roberto de 20/4/2001 relatada ao Pe. Henrique e deixada como Testemunho para toda a Comunidade Aliança de Misericórdia.

"Carapicuíba, 17 de janeiro de 2001.

À família Aliança de Misericórdia.
Irmãos, eu, Paulo Roberto, vos escrevo esta carta para abrir meu coração a todos. Espero que quando esta carta for lida, eu já tenha voltado para casa.

Quero de todo o meu coração, lhes dizer tudo e toda alegria, experiências e amor em Deus que estou sentindo agora, para transmitir a vocês.

Quero começar com uma experiência que tive quando tinha uma certa idade. Eu e meus amigos de rua, tivemos a ideia de quebrar os vidros da loja que ficava na descida da rua da minha casa. Incentivado por eles e pela aventura, eu também fui. Então cada um atirou uma pedra contra os vidros da loja da rua da minha casa. Eu, por não enxergar muito bem, principalmente à noite, não sei se a pedra que eu atirei acertou o vidro, e apesar dos vidros terem proteção, foram quebrados. Então saímos correndo, eu, como sempre, era um pouco mais lerdo. Então, sai também correndo por último atrás dos meus amigos, olhei para trás um instante e quando virei, bati de frente com um homem evangélico que carregava sua Bíblia em frente ao peito. Bati na Bíblia respirando normalmente, então ele disse: "Filho, por que corres assim? Tenha cuidado! Preste aten-

ção por onde corre". Hoje, olhando esta lembrança vejo que desde cedo meu Pai não gostava de certas atitudes que não deviam ser feitas por uma pessoa.

A vós, irmãos e irmãs, quero lhes dizer tudo ao máximo d'Aquele que se encontra no meu coração. Foi uma grande felicidade viver enfermo, abro o meu coração para lhes dizer de mais uma lembrança de que me recordo agora.

Estava internado e de uma certa forma, crucificado na cama, pois o soro e a medicação que tomava na veia eram fortes, por isso tinham que estar trocando o soro de braço em braço, pois as veias estouravam sempre. Lembro-me de que, em um desses dias, Jesus se fez presente em minha carne, pois meu braço direito não podia se mexer para me alimentar porque recebia soro. Nestes dias em que fiquei internado, vários irmãos e irmãs dormiram comigo e me alimentaram. Olhando para uma jovem que abriu a minha boca no início da minha timidez, lembro-me que, em um desses dias, em que estive internado ela me alimentou com caldo de feijão. Eu olhei para ela e vi que fazia com amor e dedicação, então eu disse a ela: "Jesus ainda menino quando nasceu jogou sementes de amor sobre todos nós e a semente que está no coração já virou uma árvore. Consigo sentir o amor e o cheiro da sua árvore que já está dando frutos."

Irmãos, é incrível o que Deus pode fazer em

cada um de nós porque quando eu era menor e mais jovem as pessoas é que rezavam por mim e hoje as pessoas sadias é que me pedem oração.

Amo a cada um de vocês e quero lhes dizer que foi uma alegria conhecer a cada um de vocês. Muitos de vocês me ungiram com um beijo de amor sagrado. Eu, Paulo Roberto, vocês sabem que não tenho condições de retribuir o beijo que cada um me deu, mas antes do meu último dia, quero tocar com a minha mão a face de cada um para que possa memorizar o rosto de cada um para guardar dentro do meu coração junto com as milhares de riquezas universais. Por isso, no meu dia quero levar cada um de vocês e apresentá-los como algo tão valioso, que nenhum dinheiro pode comprar.

Gostaria que, na Comunidade, nascesse alguma espécie de enfermeiros e médicos, que fossem visitar enfermos e idosos, pois esses são guerreiros que se cansam facilmente. São esses guerreiros que são tentados pela tristeza e solidão, por isso peço a minha Comunidade de Vida que pensem nos irmãos mais lutadores.

Irmãos, alguns de vocês, algumas vezes me disseram que são muito fracos que não são dignos de Deus, enfim que não são nada perto de uma pessoa como eu. Pois eu quero lhes dizer do fundo do meu coração cada um de vocês que me disseram isto, eu vos digo em verdade que vocês são dignos por mais que o inimigo lance o seu pecado sobre seu rosto. Não se esqueçam, vocês também são filhos de Deus e Deus ama seus filhos. Se cair no pecado mais uma vez, levante-se, pois não importa quantas vezes você caia, pois seu Pai, seu Criador estará sempre olhando as vezes que você levantar. Eu também sou como cada um de vocês, talvez até pior. Jesus me confirmou no primeiro dia do ano de 2000 que Ele está me esperando em casa e eu já vos adianto irmãos, que Jesus, depois daquele dia, me deu um calor que foi crescendo a cada dia. Esse calor é a luz da vitória que sinto a cada dia que passa, por isso família amada, quando se sentirem acuados, levantem as mãos para os céus e acreditem que vocês são filhos de Deus, então é só pedir a vitória.

Irmãos, eu quero dar uma dica muito especial a vocês, sejam livres! Livres da televisão, dos seus programas preferidos, do seu time, das coisas materiais. De uma certa forma, seja nu materialmente, procure um caminho como o de São Francisco para sentir a liberdade e, nessa liberdade, vocês sentirão o verdadeiro amor universal, um amor de 2001 anos. O amor de ajudar o próximo, o amor de visitar o enfermo, o amor à própria família, o amor e a paciência com os idosos. Este tipo de amor é o amor pão, o pão que descendo do Céu tem um sabor doce cujo sabor fica na boca e no coração. Este pão alimentará você, sua carne, sua fé e seu espírito.

Quero lhes revelar um segredo que me faz ser forte com meus problemas. Quando era pequeno, a minha inocência foi retirada devido à confiança que eu tinha e achava que todas as pessoas eram iguais e jamais me tornariam inferior. Essa inocência, a partir do primeiro dia que as pessoas começaram a me tornar inferior, foi perdida. Não exatamente perdida, mas guardada dentro de mim, pois Deus, o Criador, faz as coisas certas, pois todo sofrimento de cirurgias, anestesias locais, às vezes com a minha mãe ao lado, internações que duravam dias, às vezes semanas, então só hoje compreendi que a minha inocência de criança foi preciso ser guardada dentro de mim, pois só assim com a inocência de uma criança que nunca espera o pior, sempre espera no Pai. Então, essa inocência foi para a batalha da minha vida. Paulo Roberto Côrrea Mota."

Relato aqui algumas das experiências místicas que Paulo Roberto compartilhou comigo em seus escritos.

"Eucaristia é a data do meu nascimento, a data do nascimento de cada um que está aqui. Não há nada a dizer diante de tanta perfeição.

Irmãos, o que está diante de nós é o Corpo e o Sangue, pão que é feito pelas mãos dos homens abençoado por Deus, santificado pelo Espírito San-

to e ungido pelo Amor de Jesus que, mais uma vez desce do Céu para se transformar em Vida dentro de cada um de nós, pois aqui neste Corpo e Sangue é que está a Aliança e o grande Amor de Deus por nós. Porque O Pai prometeu que estaria conosco e nos daria força, mas se depois da Eucaristia nós não nos deixarmos levar por esse amor, não vale a pena sairmos do cemitério. Porque se nós não acreditarmos no poder do Sangue de Cristo, nós não precisamos nos levantar de nossas tumbas.

Por que vocês acham que o dia está claro? Deveria estar tudo escuro, porque se o Corpo de Deus Filho não foi suficiente, nada mais é!

Irmãos, não nos esqueçamos daquela parte da Bíblia que diz que: 'O Verbo se fez carne e habitou entre nós', ou seja, aquele Jesus Cristo também foi e é carne até hoje e Seu Amor não terminou. Ele teve medo, sim, mas não nos esqueçamos do que ele diz na Bíblia: 'Pai, se for possível, afaste de mim esse cálice, mas se não, que seja feita a Sua vontade e não a Minha.' Jesus foi conduzido até o calvário pelo Espírito Santo, pois a carne sente dor. Devemos amar firmemente, podemos dizer até loucamente como Jesus nos amou até a morte. Então, isto é Paixão e Amor, e a Eucaristia que nós vemos é tudo isto. Em todos os dias da nossa vida, o amor é real e existe. O que tenho a dizer sobre a Eucaristia é isto.

A Eucaristia é minha data de nascimento e

nascimento eterno, se eu merecer seguir essa Estrela que desce do Céu para dar vida a essa carne que está morta, que já deveria estar morta, que não deveria estar falando, mas que está aqui diante de vocês, apesar da fraqueza e batalha de luta pela vida, do sofrimento e das lágrimas, mas que jamais desiste porque a Eucaristia é meu Pai que visita meu coração. O meu e de todos aqueles que creem em Sua força para vencer qualquer obstáculo. Batam palmas apenas para Aquele que nos deu a vida e a Santa Eucaristia. Alguns dizem que a paixão não existe. Se for assim, por que na Santa Missa revivemos a instituição da Eucaristia por Nosso Senhor Jesus Cristo nessas palavras: 'Abraçando livremente a Paixão, Ele tomou o pão, deu graças e o partiu, deu a seus discípulos dizendo: Tomai, todos, e comei: Isto é o meu Corpo que será entregue por vós. Tomai todos e bebei. Este é o Cálice do meu Sangue, o Sangue da Nova e Eterna Aliança que será derramado por vós e por todos para remissão dos pecados. Fazei isto, em memória de mim'? Logo, a paixão existe."[7]

Paulo Roberto diz que a Eucaristia é a data do seu nascimento e também do nascimento de cada um de nós, porque entendia que Jesus, mor-

---

[7] Experiência de oração - Imaculada Conceição - Santo André, 17/11/2001.

rendo por nós e deixando o Seu Próprio Corpo como expressão de Maior Amor, nos dava a graça de sermos transfigurados na Eucaristia, e portanto, nascidos novamente. Perdoados de todos os nossos pecados, uma vez que éramos salvos por Ele, nascemos portanto, no Amor de Cristo. E nascemos para a vida eterna. Se para Paulo Roberto a Eucaristia é a data do seu nascimento, é porque era tão grande sua a intimidade com o Amor de Jesus, e de consequência, tão difícil e tão sofrida era a ausência do Corpo e Sangue de Cristo, como relata em um testemunho: *"Tenhamos mais fé, irmãos, porque, vejamos meu caso: já faz duas semanas que não recebo a Sagrada Eucaristia. Nem os ministros da Eucaristia das igrejas próximas à minha casa sabem o tamanho da importância que é para mim e para muitos outros receber a Eucaristia. Porque para pessoas como eu que não podem ir na missa pelo menos uma vez na semana, receber a Eucaristia, então é lógico, e muito importante que o ministro se comprometa a levar Jesus Eucarístico para continuar a dar vida e vontade de viver àquele enfermo. Então meus queridos irmãos, se nós vivermos em Comunidade, comunguem por mim e pelos seus irmãos que não podem comungar."*[8]

---

[8] Testemunho de Paulo Roberto em 29/7/2001.

Capítulo III

ARDOR MISSIONÁRIO

"A evangelização seja sempre transformadora e nunca desencarnada das necessidades espirituais e materiais dos irmãos aos quais seremos enviados."[9]

Quem oferece o sofrimento como "vítima" de expiação com Cristo, pode dizer como São Paulo aos Colossenses (cf. Cl 1, 24): *"Regozijo-me nos meus sofrimentos por vós, e completo o que falta às tribulações de Cristo em minha carne, pelo seu Corpo, que é a Igreja"*. Dessa forma, torna-se evidente o valor de cada alma.

Frequentemente dialogava com o Paulo Roberto sobre a vocação das "vítimas de Misericórdia", que na família Aliança oferecem o próprio Amor, transformando a dor das enfermidades crônicas ou até a entrega da própria vida (no caso de doenças mortais), pela conversão dos pecadores.

---
[9] Carta "Testamento" da Aliança de Misericórdia, ponto 3.

Particularmente, guardo sempre na minha carteira uma frase de Chiara Lubich, fundadora do Movimento dos Folcolares, (do qual eu e Padre Antonello participamos frequentemente ao longo da nossa juventude), que diz o seguinte: *"Jesus abandonado, desejo amar-te como ninguém jamais te amou e o sofrimento é o preço para salvar as almas. Espero, no fim da vida, de não arrepender-me de ter sofrido pouco, de ter sofrido mal".* Paulo Roberto fez suas essas palavras e não queria perder nenhum sofrimento, nenhuma oportunidade, nenhum suspiro, como dizia Santa Teresinha, com a certeza de que: *"Nada é pequeno quando o Amor é grande".*

Mesmo consciente que a sua vida se consumia como holocausto de Amor, Paulo Roberto não poupava nenhum esforço para evangelizar.

Toda vez que o mínimo de condição de saúde lhe permitia, desejava estar conosco, nos encontros de oração ou de evangelização. Sabia que apenas a sua presença podia testemunhar para os jovens o valor da vida, da saúde, da graça de Deus que dá sentido a todo movimento da nossa existência, mesmo os mais sofridos.

Em ocasião de uma de suas internações, Paulo Roberto escreveu uma mensagem ao movimento que dizia:

"Vejam vocês o mundo em que vivemos hoje:

UM SANTO SEM ROSTO

a Internet que oferece sites e conversas sem limites... A televisão que oferece principalmente para os jovens fantasias sexuais, oferecendo aos casais e seus filhos práticas que não deveriam conhecer. Enfim, o Senhor ainda hoje continua sofrendo porque existem pessoas desse tipo e também existem no mundo nossos irmãos que passam fome nos países mais pobres onde impera a ganância de um só homem que governa o país. Ainda hoje existem guerras. São pequenas, mas matam crianças, jovens, adultos e mulheres. Deus necessita descer novamente do Céu para sofrer novamente aqui na Terra para nos salvar de nós mesmos? Não! Foi por isso que Deus confiou a alguns de seus filhos a missão de sofrerem pela salvação dessas almas, pois já passou pelo sofrimento maior. Ele já sofreu por nós. Dou-lhes um exemplo: aceitei sofrer nesta vida para a salvação de alguns que devo também chamar irmãos."[10]

Quando não conseguia estar presente fisicamente, o que acontecia a maioria das vezes, ele intercedia, na penumbra do seu quarto e oferecia a dor das inúmeras chagas, que consumiam o seu corpo, como holocausto do Amor Misericordioso. Às vezes, enviava cartas "para a sua família". Várias vezes lembrava, como diz

---

10 Carta de Paulo Roberto escrita ao Movimento Aliança de Misericórdia de Alfenas - MG, 20/04/2001.

São Paulo: *"Sabemos, com efeito, que se a nossa morada terrestre, esta tenda, for destruída, teremos no céu um edifício, obra de Deus, morada eterna, não feita por mãos humanas."* (cf. 2Cor 5, 1). Era muito concreto em tudo; Tinha os pés no chão, mas seu olhar era sempre fixo para o alto. Falávamos muito da vida eterna. O sonho dele era ter sido guarda florestal, casar, viver em contato com a natureza e ter uma vida simples, uma bela família e muitos filhos. Imaginava que na eternidade iria correr, voar sobre os montes e as florestas, sabia que iria sentir-se parte da grande família dos filhos de Deus, e que na eternidade iria encontrar os "filhos gerados na dor" presentes no Amor do Senhor.

As vezes que o Paulo Roberto podia estar conosco, vivia um verdadeiro martírio de amor. As viagens eram particularmente sofridas porque cada movimento do carro causava fortes dores na carne viva das feridas abertas. Além disto, era consciente do perigo de infecções e da possibilidade de as moscas, atraídas pelas chagas, o pus e o mal cheiro da carne que se desfazia pela doença, pudessem depositar ovos em suas feridas. Não foram poucas as vezes que, depois dessas viagens para Alfenas (MG) ou cidades do interior paulista, teve que ser hospitalizado para limpar as feridas das orelhas ou do nariz e tirar as larvas que se aninhavam em sua carne viva.

Mesmo assim, nunca quis desistir de sua missão. Sabia que a vida terrena era breve e que a vida eterna era um tesouro precioso, que não podia ser perdido. Sabia que *"Os sofrimentos do tempo presente, não tem comparação, com a glória que será revelada em nós!"* (cf. Rm 8, 18). Sabia que as almas valem o Sangue de Cristo e que a alegria de poder evangelizar, era muito superior ao sacrifício que isso comportava. Sabia que o *"Reino de Deus é dos violentos e que só os violentos se apoderam dele"*. (cf. Mt 11, 12)

Só Deus sabe quantos jovens ficaram impactados perante o seu testemunho. Pessoalmente, vi vários deles em lágrimas, renunciando às drogas e a uma vida de pecado, e que vieram procurar a Misericórdia do Senhor após escutar o testemunho do Paulo Roberto.

Alguns, publicamente relataram ao agradecê-lo: *"Ouvindo suas palavras e vendo seu sofrimento, eu pensei que não tenho direito de jogar fora a minha vida e perder a minha alma, enquanto você, e quem sabe quantos outros jovens, não tiveram a vida, a saúde e as forças que eu tenho e que, até agora, eu desperdicei."*

Outros, em lagrimas, diziam: *"Procurei a minha alegria nos prazeres da vida, no sexo, no dinheiro, nas coisas e apesar disso me sinto cada dia mais triste, mais vazio. Depois que o conheci, eu vi uma alegria que não conhecia e que não tem explicação. Você que não têm saúde boa, que é enfermo por causa desse câncer, que lentamente e inexplicavelmente consome o seu corpo, você que exala o 'cheiro de morte' na sua carne que apodrece, você que vive na pobreza e no sofrimento contínuo, irradia uma felicidade que eu não conhecia. Entendi que o que vale de verdade é invisível aos olhos! Eu encontrei Deus! Eu O vi no seu rosto desfigurado, eu O ouvi na sua voz rouca, eu O encontrei nos seus olhos que já não enxergam, eu O vi na luz que resplandece nas suas palavras, eu O percebi no arrepio que sinto agora, ao encontrá-lo, eu O respirei na felicidade que transborda de sua alma. Eu descobri a verdadeira alegria, aquela que sempre procurei e que o mundo nunca soube dar-me!"*

Ao escrever estas lembranças, não consigo conter as lágrimas, pois realmente a presença de Paulo Roberto tornava presente o "invisível", atrás do véu do seu corpo desfeito, desfigurado, consumido. Era "visível" que não a doença, mas o Amor o consumia, incansavelmente.

Ele tinha descoberto que a vida era um dom de Deus e a sua existência, mesmo assim, devia ser um dom para os irmãos, um dom que não pode ser guardado, mas doado. Ele tinha descoberto, como amava repetir que "ninguém é tão pobre que não tenha algo para doar, nem tão rico que não tenha algo para receber". Ele entendeu que, como São Paulo, com a sua pobreza, podia enriquecer a muitos e, como vela que se consome, iluminar a vida de tantos.

Em suas cartas, mostra diversas vezes a preocupação com os jovens que se deixam levar pelos prazeres mundanos esquecendo-se de que a única verdade é Jesus. Esta Verdade era a forma de evangelização de Paulo Roberto através de suas cartas, juntamente com seu testemunho de vida.

"Queridos irmãos,

É uma grande satisfação e alegria estar ao lado de vocês.

Irmãos, gostaria de lhes dizer como é importante a presença de cada um aqui e como isso me enche de alegria porque há tantos jovens e tantas pessoas que estão presas no orgulho, na incredulidade, na falta de compaixão para com o próximo.

Irmãos, quando nós nos reunimos para cantar, louvar e orar juntos, estamos fazendo milagres acontecerem porque quando nos reunimos... nós formamos uma parte da Aliança com Deus.

Irmãos, nós aqui reunidos na mesma fé podemos transformar o mundo em que vivemos num mundo melhor porque juntos o Senhor está entre nós e quando cantamos, louvamos e oramos o Senhor se faz muito Satisfeito e nos dá a graça de transformar a oração de cada um de nós em milagre, cada um que ora com fé um enfermo neste momento recebe alta, porque o mal que estava nele se foi com a nossa alegria e fé em Deus aquele que estava no pronto socorro prestes a morrer também já começa a se recuperar e vai terminar sua recuperação em breve. Aquela mulher que estava pensando em aborto, há uma meia hora atrás, não quer mais matar seu filho.

Jesus nos deu o último mandamento 'Como eu vos amei, amai-vos uns aos outros" (cf. Jo 13, 34). Vivamos em comunhão com Deus, comunhão conosco mesmos e comunhão em família.

Obrigado pela alegria que vocês dão para mim e para os outros." [11]

Para ele, sofrer também era uma forma de evangelizar, assim como Cristo sofreu por nós na cruz, Paulo Roberto oferecia seu sofrimento pela salvação dos pecadores. E este sofrimento permitiu que encontrasse desde muito jovem o sentido de sua vida.

---

11 Trechos da carta de Paulo Roberto escrita em 29/7/2001 ao Movimento Aliança de Misericórdia.

Capítulo IV
A VIDA FRATERNA

"Vede: como é bom, como é agradável habitar todos juntos, como irmãos." (cf. Sl 133, 1)

Paulo Roberto sofria com alegria e todos os que o conheciam ficavam admirados com tamanha entrega de si. Seu caminho de santidade à medida em que a doença avançava tocava a todos e levava a muitos a uma intimidade profunda com Deus. Muitas pessoas que conviveram com ele, tiveram bonitas experiências com a sua vida e sua total doação por Amor. Paulo, deixou muitas cartas e experiências para a Família Aliança de Misericórdia, ele gostava de enviar e receber cartas, pois, por meio delas, evangelizava, rezava pelos irmãos, partilhava experiências de Deus, expressava suas alegrias e os momentos de dores em que também contemplava a Presença de Deus.

Neste capítulo compartilho os testemunhos dos irmãos que viveram experiências profundas com Paulo Roberto e que relataram em seus testemunhos, cartas que são verdadeiros tesouros e que revelam na simplicidade a Presença de Jesus na vida deste nosso irmão.

Primeira carta[12]

"São Paulo, 10 de janeiro de 2001.

Cara Joelma,

Aqui quem te escreve é o seu irmão Paulo Roberto. Desculpe-me pois esta será, creio eu, a primeira e última carta que lhe escreverei, pois meus olhos não enxergam muito bem.

Gostaria de lhe dizer que gostei muito de te conhecer, pois é mais uma irmã da grande família, unida pela Santa Comunhão. Gostaria de lhe dizer que, no início, também tinha planos e sonhos materiais, eu também já reclamei muito com o meu Deus e eu perguntava a Ele: 'Por que sou enfermo? Por que não posso realizar meus sonhos? Por que minha infância teve de ser tão dolorida e com gozações sobre a minha enfermidade, apelidos...?'

---

[12] Paulo Roberto escreve esta carta a Joelma, uma jovem que ele conheceu em um *Thalita Kum* em Alfenas - MG. Nesta ocasião, esta jovem compartilha com ele algumas experiências que ela vivencia naquele fim de semana ao se deparar com a enfermidade dele.

UM SANTO SEM ROSTO

Grande parte da minha infância foi brincar sozinho em corredores de hospital nas minhas internações, mas graças a educação de Maria Santíssima, a quem eu confiei todas as minhas alegrias e tristezas, aprendi sobre a vida e sobre um plano muito maior do que os meus sonhos. Então, a partir da minha adolescência, logo fui ficando cada vez mais longe dos meus estudos e dos meus amigos da rua. Lembro de um dia que eu estava com meus amigos e eles me propuseram atirar pedras nas janelas de uma loja da rua de casa. Apesar das janelas terem proteção, eu e meus amigos fomos atirar pedras. Por eu não enxergar muito bem no escuro não sei se a pedra que eu joguei acertou, mas muitas pedras acertaram e quebraram os vidros. Então saímos correndo e eu como corria um pouco mais lento, saí em disparada rápida e olhei para trás. Quando me virei ainda correndo, bati de frente com um evangélico que carregava uma Bíblia em frente ao peito. O evangélico ficou desesperado pois eu sentei no chão e fiquei com um pouco de falta de ar, então me vi sozinho, sentado na calçada e os meus amigos a quilômetros de distância de mim. A partir daí comecei a ficar cada vez mais doente e ciente que aquilo não se faz. Foi como se Deus me dissesse: 'Filho, não é este o seu caminho, não é assim que Eu te quero ver'. Pois raciocinamos, não existe alegria ou diversão destruindo, causando mal a outras pessoas.

Enfim, minha doença se transformou em câncer, parei de estudar e fiquei durante três anos dentro de casa sem vontade de sair na rua ou fazer qualquer coisa fora de casa. Esses três anos foram uma preparação que Jesus fez comigo. Foi quando então conheci uma jovem da Igreja com as sementes que o Menino Jesus espalhou entre os homens, só que a semente dessa jovem já estava no estágio de árvore. Com o seu carisma, rindo da sua própria árvore, ela me fez sentir vontade de abrir minha boca para falar sobre todos esses anos e o que Ele tem feito por mim.

Então, descobri em Jesus que meus sonhos seriam e são muito maiores que os que eu teria para mim sem Jesus.

Enfim, a cada dia que passa, cada irmão que conheço, quero e tenho vontade de falar sobre um Pai Maior do que qualquer sonho.

Desejo-lhe paz no coração e que a sua fé em Deus permaneça firme e reze sempre por mim e por toda a Comunidade Aliança de Misericórdia. Não esqueça dos seus irmãos especiais, crianças, enfermos que, desde cedo, já conhecem a dor, e também os idosos.

Um abraço do seu irmão,
Paulo Roberto."

Nesta próxima carta, a Joelma, a quem

UM SANTO SEM ROSTO ✣

Paulo Roberto escreve a carta acima, me relata a experiência que viveu com a presença de dele em um encontro querigmático, *Thalita Kum*. Pode-se fazer uma reflexão sobre o significado de conhecer Jesus e a alegria que é proporcionada. Infelizmente, corre-se o risco de perder oportunidades de criar um relacionamento profundo com Deus pelo cotidiano agitado, pela falta de propósito e por não ter sentido de vida.

Segunda carta[13]

"Alfenas, 13 de setembro de 2005.

Querido Pe. Henrique,

Estou lhe escrevendo para contar um pouco da minha experiência com o Paulo Roberto, pois Elaine Clara (missionária) me disse que o senhor se interessa muito por tudo que viesse dele.

Foi o primeiro Thalita Kum aqui em Alfenas, no ano de 2001. Já tinha ouvido falar de Paulo Roberto, porém nunca o tinha visto.

Fui para o encontro sem saber o que esperar, mas sabia que seria um encontro abençoado. Quan-

---
13 Carta escrita ao Padre João Henrique pela Joelma de Alfenas - MG, em 13/9/2005, após 3 anos do falecimento de Paulo Roberto.

do cheguei, me deparei com uma tenda gigante, estava um sol escaldante e, debaixo daquela tenda, ele se tornava ainda mais quente, eu sentia tanto calor que era quase insuportável.

De repente, olhei para o lado e vi num cantinho afastado, duas pessoas, a mulher segurava um guarda chuva sobre os ombros de uma pessoa que se cobria com uma toalha da cabeça aos pés. Naquele momento comecei a imaginar que seria Paulo Roberto. Imaginei que seu eu que estava de bermuda e regata estava "morrendo" de calor, como se sentiria alguém todo coberto... Daquele momento em diante não consegui mais viver um segundo daquele encontro, chorei o tempo todo e pedi a Deus a cada instante que apenas por aquele fim de semana, pudesse passar para mim a dor e o calor que aquele menino estava sentindo. Durante aquele sábado todo, eu só chorava e imaginava como tinha sido a infância de um garoto que se tornou canceroso desde um ano de vida, pensei que ele nunca pôde brincar, soltar pipa, correr, jogar bola, na adolescência ele não pôde paquerar nenhuma menina, meu Deus como sofri naquele sábado imaginando como tinha sido aquela vida.

Na minha miséria e pequenez eu dizia que Deus era injusto, pois com todo poder que tinha como podia permitir tanto sofrimento... Cheguei a dizer para Deus que Ele não amou Paulo Roberto.

Naquela noite, houve uma grande festa, após a Santa Missa, foi um louvor enorme. Todos os jovens pulavam e gritavam euforicamente de tanta alegria pelas maravilhas que Deus havia feito em suas vidas. Em um determinado momento, Pe. Antonello[14] disse que Paulo Roberto queria falar. Todos pararam para ouvi-lo. Enquanto ele falava, o padre traduzia pois ele já falava mal e quase não se compreendia. Naquelas palavras eu achei que fosse morrer de tanto chorar, sem exagero, dentro do meu coração parecia que haviam espinhos. Eu nunca tinha presenciado uma doença tão triste.

Eram estas as palavras daquele "santo moço": "Como meu coração se alegra, quando vejo nossa Família Aliança de Misericórdia reunida, como é lindo ver os jovens pulando, gritando, se alegrando no Senhor Jesus. O mundo precisa de jovens que se alegrem no Senhor Jesus, o mundo precisa desta alegria verdadeira. Sinto-me feliz em ver tanta alegria e peço que vocês inflamem o mundo com esta alegria verdadeira."

Pe. Henrique, como foi triste para mim ouvir tudo aquilo, naquela noite eu mal dormi, pois o tempo todo eu pensava que Paulo Roberto estava sofrendo com as dores, o cheiro, o calor, pedia insis-

---

14 Pe. Antonello Cadeddu, fundador da Comunidade Aliança de Misericórdia juntamente com Pe. Henrique e Maria Paola do Cordeiro Imolado.

tentemente a Deus que passasse para mim a dor que ele sentia, para alivia-lo pelo menos aquela noite. Pobre de mim, mal sabia eu que só um santo era capaz de suportar...

Amanheceu o domingo, todos estavam felizes, acho que eram mais de quinhentos jovens, e eu a mais triste das criaturas. Paulo Roberto ainda não havia descido e o senhor nos contou como ele, mesmo enfermo, fazia questão de estar naquele encontro. O senhor nos contou como era sofrida a viagem para ele, pois já se encontrava bem debilitado pelo câncer. Eu só sabia chorar e sofrer, parecia que era comigo, parecia que eu tinha todo aquele sofrimento.

Na hora do almoço, Pe. Giampietro[15] se aproximou de mim e perguntou o que eu tinha, o porquê de tantas lágrimas, então desabafei: 'Padre, eu não me conformo, como é que Deus sendo tão Poderoso, não cura este menino, para que tanto sofrimento? Coitado desse menino, ele nunca foi feliz nesta vida!' Pe. Giampietro soltou um sorriso e me disse que eu estava muito enganada, pois ele tinha certeza de que Paulo Roberto era mais feliz do que eu.

Eu disse que então ele me levasse para conversar com Paulo Roberto, e que eu queria ouvir da boca dele que era feliz. O padre concordou, mas disse que eu precisava ser forte, pois ele não tinha

---

15 Pe. Giampietro - fundador da Comunidade Missão Belém.

aspecto humano e já cheirava mal. Eu disse que não me importava com nada disso, eu precisava falar com ele.

Pe. Giampietro então me levou até onde ele estava. Sempre coberto com uma toalha, de boné e a mãe segurando um guarda chuva para protegê-lo do sol. Quando nos aproximamos eu já pude sentir o cheiro de Jesus, era forte mas não enjoava, pelo menos a mim não enjoava. O padre me apresentou e disse a ele: 'Paulo Roberto, esta jovem está chorando desde ontem cedinho quando te viu, e desde ontem ela tem pedido a Deus para passar sua dor e seu calor para ela. Eu a trouxe aqui para que você a console, (na minha cabeça, era eu que devia consolá-lo, pobre de mim...) e para que você diga a ela o quanto você é feliz!'

Naquele momento eu me abaixei pois ele estava sentado, peguei em suas mãos, eram bem magras, grossas e cheias de sardas (me lembro como se fosse hoje) olhei entre a toalha e o boné e pude ver seus olhos, vermelhos e estatelados, corroídos pelo câncer. Ele usava uma máscara que não permitia ver sua boca, nem nada mais pude ver, mas sentia em seus olhos que ele sorria para mim, e com muita dificuldade me disse poucas palavras, mas que se tornavam um enorme ensinamento para mim que mesmo sadia, sem problema, cheia de vida, me sentia infeliz e vivia reclamando da vida. Paulo Roberto me disse:

'Minha irmã não chore por mim, chore por tantos jovens que não conhecem Jesus e vivem longe da Misericórdia de Deus. Eu sou feliz, muito mais feliz que você, pois agora estou sorrindo e você chorando (eu chorava enquanto ele falava), eu sou feliz, conheço o amor misericordioso de Jesus, me sinto dentro desse amor. Se eu tivesse nascido sadio, talvez hoje eu estivesse longe desse amor, posso te dizer sem dúvidas que, se eu tivesse que nascer de novo e pudesse escolher, escolheria nascer doente como sou, pois tenho medo de nascer sadio e perder a graça de conhecer Jesus. Não sofra por mim, mas pelo mundo que sofre muito mais dores que as minhas. Minhas dores são saciadas no amor misericordioso de Jesus.'

Quando ele terminou de falar eu me sentia tão pequena e miserável diante da fortaleza de alguém que tinha tudo pra ser frágil, revoltado, triste, deprimido e extremamente infeliz, mas era feliz, inexplicavelmente feliz.

Pedi se podia escrever para ele, pois naquela hora nem sabia se queria me sentir perto dele para ajudá-lo ou para ser ajudada por ele. Ele me disse que adorava receber cartas e que seria um prazer responder.

Saindo dali, Pe. Giampietro me disse uma frase que ficou na minha memória para sempre: 'Minha filha, você precisa aprender o verdadeiro sentido da cruz'.

UM SANTO SEM ROSTO

Por semanas ainda fiquei fiquei meio triste e deprimida por tudo o que tinha pensando sobre Paulo Roberto, mas ao mesmo tempo, repensei toda minha vida.

Comecei a enxergar a pequenez dos meus mínimos problemas, quase nada perto dos dele, parei de ficar reclamando da vida, pois antes eu vivia na lamúria.

Paulo Roberto me ajudou a enxergar a beleza de ser verdadeiramente entregue ao amor de Jesus. Me mostrou que quanto temos Jesus, nossos problemas se tornam minúsculos por mais gigantes que sejam. Nas primeiras semanas já havia escrito para ele, contando o quanto ele havia me ajudado a enxergar a pequenez de meus problemas.

Passando alguns dias recebi sua carta que constatou ainda mais a santidade daquele moço, a única maldade que Paulo Roberto fez na vida foi ter atirado pedras na janela do vizinho, como ele mesmo havia dito. Apesar de eu ter ainda escrito uma segunda vez, não obtive resposta e meses mais tarde soube que Paulo Roberto havia subido para Glória. Fiquei feliz porque sei que lá no Céu, Paulo Roberto tem rosto de gente, não precisa mais se esconder atrás de uma toalha nem ficar distante de ninguém por causa do cheiro. Padre, no Céu, Paulo Roberto pode brincar com os anjos como nunca fez na vida.

Durante muito tempo fiquei sem entender

o verdadeiro sentido da cruz. Há duas semanas mais ou menos, fui para a comunidade fazer uma experiência, e ao ver o sorriso constante nos lábios da Maria Paola, eu pude entender o verdadeiro sentido da cruz, entendi tanto que passei a não temê-la mas pedi a Jesus que se for preciso que me mande mais cruzes, assim como Paulo Roberto me disse um dia, que todas as nossas dores sejam saciadas no amor misericordioso de Jesus.

Paulo Roberto, mais que um exemplo para mim, foi o primeiro toque de Jesus a me pedir para amar incondicionalmente o irmão que sofre, hoje entendo isso.

Deus abençoe o senhor. E que o senhor me abençoe.

*Paz e bem.
Joelma - Alfenas MG"*

Algumas experiências de fraternidade relatadas por amigos e irmãos que estiveram ao lado de Paulo Roberto e que são grandes riquezas para todos nós, para todos aqueles que ainda hoje na vida eterna, Paulo Roberto como um grande intercessor diante de Deus, os leva ao Pai.

UM SANTO SEM ROSTO ✤

Terceira carta[16]

"Uma das coisas que me incomodava muito era seu cheiro. Tivemos que viajar durante sete horas com os vidros fechados para Alfenas-MG. Foi uma verdadeira experiência na minha vida! Lembro-me dele o tempo todo deitado no colo de sua mãe. Imaginava o quanto sentia dores, pois a viagem para Alfenas era muito sacrificante para ele. Mas, se existia alguém feliz ao ir para nossos encontros, era Paulo Roberto.

No carro, foi muito interessante, uma frase que Paulo Roberto disse, me marcou muito: 'Vamos povo de Deus, porque o Reino tem pressa!' Ele brincava comigo, imitando-me, enquanto eu ficava bravo pela demora na estrada. Creio que eram pequenos momentos de descontração em que se esquecia de suas chagas.

Em certo momento da viagem, percebi que não sentia mais o mau cheiro no carro. Muitas vezes, quando estamos num ambiente com cheiros diferentes, nossa tendência é habituar-se com eles, mas, neste caso, houve uma transformação: o cheiro se converteu em um belo cheiro de rosas... Depois dessa experiência, houve muitas mudanças em meu coração."

---

16 Testemunho de Ricardo Soares, relatado após uma viagem realizada para Alfenas - MG, com Paulo Roberto e sua mãe Dona Josefa.

Capítulo V
UM SANTO SEM ROSTO

*"Rosto do homem desfigurado pela dor,
rosto de Deus transfigurado pelo Amor."*
Pe. Henrique

Entre as inúmeras vezes que ficou internado no hospital, sem contar as idas e vindas, há uma em que percebi com nitidez a descida de Paulo Roberto ao fundo do poço, ao âmago de seu nada, ao mesmo tempo preenchia-se de Deus e da força de seu Espírito para converter os que não ainda conheciam Deus, sobretudo, os jovens, sua maior preocupação.

Além das feridas que lhes devoravam o rosto e de onde jorravam sangue, semelhantes às chagas de Jesus, Paulo Roberto passou pela humilhação de ver saírem de sua face, como eu vi, larvas, como se sua carne fosse desmanchada em vida até lhe sobrarem apenas os ossos. A descida ao nada do ser humano era constante, ou seja, a cada dia descia um degrau de sua morte em vida para subir, a cada dia, o degrau de sua purificação e de sua santidade vivendo na sua cruz, a Cruz de Cristo.

Chegou o dia da última saudação do corpo do Paulo Roberto, esse corpo, que veio da terra e que à terra voltava. Ele como nós sempre orou na espera da ressurreição da carne.

Sabemos, de fato, que esta carne, que se alimentou da Eucaristia e que se consumiu no amor, participa de alguma forma desde já da eternidade e que entrará na eternidade definitivamente. Assim, Deus queira que seja para nós a glória da felicidade eterna! No entanto, o Senhor às vezes nos dá pequenos sinais de que essa eternidade, já se faz presente, aqui, agora, no meio de nós, para nos confirmar na fé.

Assim, tenho certeza que, por disposição divina, aconteceu no dia da morte e sepultamento do Paulo Roberto. Quando chegou o pobre caixão, em nossa casa de formação, no Botuquara (SP), os poucos familiares e amigos do Paulo Roberto, ficaram surpreendidos ao encontrar tantos amigos e membros da Aliança de Misericórdia, que aguardavam para a Missa de exéquias, para dar o último adeus ao nosso irmão, "vítima da Misericórdia", no carisma da nossa família.

Pessoalmente, procuramos, junto com a Maria Paola, que tinha um carinho particular por Paulo Roberto e para com os seus pais, que sempre procurava auxiliar economicamente, mesmo na nossa pobreza, estarmos bem próximos à mãe, que fez da sua vida uma oferta constante para esse filho. O Paulo tinha-se tornado o "sentido" da sua vida por longos 19 anos. Temíamos que, com a morte dele, pudesse ter um colapso emocional, e pelo contrário a vimos firme e serena, irradiando uma fé inabalável. Logo que ela me viu, disse-me: *"Padre João Henrique, o Paulo Roberto fez um pedido, antes de morrer. Pediu que uma vez deposto no caixão, o senhor cobrisse o seu rosto com um pano branco, pois não queria que ninguém se assustasse vendo a sua face desfigurada pelo câncer. E disse também que o Senhor o teria inspirado, a você padre, para escrever uma frase sobre este pano, uma última frase que selasse a sua vida!"*

Fiquei sem palavras. Mais uma vez tive a certeza da santidade do Paulo. Só um santo perante o drama da sua própria morte, se preocupa com tanta ternura, com o fato de que as pessoas poderiam ficar impressionadas com os estragos da enfermidade em sua carne. No mesmo instante, tive um momento de hesitação:

"Qual frase poderia escrever?". O Paulo nunca me tinha falado algo específico. Foi apenas um momento, pedi a intercessão do Paulo e logo me vieram claramente estas palavras: *"Rosto do homem desfigurado pela dor, rosto de Deus transfigurado pelo Amor".*

Tive certeza que essas palavras sintetizam a minha experiência e a experiência de todos que conheceram o Paulo Roberto.

Logo porém surgiu uma questão a ser resolvida, o caixão já estava fechado no meio da nossa pobre varanda, que era o único ambiente da pobre casa onde começamos a nossa vida de comunidade, e era cercado pelos amigos e irmãos, que vieram para orar conosco. Como iria poder abrir o caixão para colocar aquele pano branco sobre o seu rosto, sem que a sala se enchesse do cheiro de "carniça"? De fato, em vida, o mal cheiro do câncer, que exalava do seu corpo, era bastante forte e incomodava a muitos. Imaginei que agora, com a morte e o calor do dia, em pleno verão no Brasil, se tornaria insuportável. Não havia escolha. Precisava realizar aquela última vontade do Paulo. Pedi que as pessoas se afastassem um pouco e que abrissem o caixão. De repente, um perfume de rosas, que saia daquele corpo, invadiu a sala, me emocionei profundamente e não só eu. Entendi que, com aquele gesto, o Paulo Roberto quis dar-nos um último testemunho de que o *"céu está logo aqui"* e que *"a carne não é o limite"*, como costumava dizer.

Cobri então seu rosto, que já era uma única ferida, sem mais traços de rosto humano, e percebi que este filho amado e nosso irmão, queria me confirmar na escolha daquela frase que ele mesmo, tenho certeza, quis me inspirar. Realmente estávamos na frente de um mistério, perante o "o rosto do homem desfigurado pela dor" que porém refletia, como um espelho, Aquele que ele sempre tinha amado e contemplado: o *"rosto de Deus transfigurado pelo Amor"*.

Até hoje guardamos conosco, como preciosa "relíquia", aquele crucifixo que frequentemente apertava entre as suas mãos e beijava com a sua boca sem lábios. Na Cruz, o Paulo Roberto contemplava a dor de um Deus que morreu por nós, desfigurado pela dor mas que na cruz revelou a "sagrada face" do Pai, que o transfigurou pelo infinito Misericordioso Amor do seu Coração.

No meu coração, até hoje, a vida do Paulo Roberto permanece viva nesta Palavra de São Paulo aos Coríntios: *"É somente pela conversão ao Senhor que o véu cai. Pois o Senhor é o Espírito, e, onde se acha o Espírito do Senhor, aí está a liberdade. E todos nós que, com a face descoberta, contemplamos, como num espelho a glória do Senhor, somos transfigurados nessa mesma imagem, cada vez mais resplandecente, pela ação do Senhor, que é Espírito."* (cf. 2 Cor 3, 16-17).

Juliana, uma amiga de Paulo Roberto, conta um testemunho de quando viu pela primeira vez Paulo Roberto sem máscara e pode contemplar a Face de Jesus em sua face desfigurada: "Paulo não mostrava seu rosto para ninguém, exceto para os mais próximos, como sua família e sua grande amiga Janaína. Mas um dia, encontrei-o casualmente sem a máscara e foi difícil não me assustar. Mas aquele rosto me fez pensar no tamanho da fé daquele jovem, como também entender sua devoção à Sagrada Face. Certo dia, Paulo me disse que seu rosto era como o de Jesus e percebi como isto o fortalecia. Realmente estava desfigurado, como vemos em Isaías 53, 2-4: *"Não tinha beleza nem esplendor que pudesse atrair o nosso olhar, nem formosura capaz de nos deleitar. Era desprezado e abandonado pelos homens, homem sujeito à dor, familiarizado com o sofrimento, como pessoa de quem todos escondem o rosto; desprezado, não fazíamos caso nenhum dele. E no entanto, eram nossos sofrimentos que ele levava sobre si, nossas dores que ele carregava."*

Capítulo VI

CARTA TESTAMENTO DE PAULO ROBERTO

"AS MINHAS RIQUEZAS"

"Meu nome é Paulo Roberto. Tenho quase dezenove anos de idade e quase dezoito de Câncer de Cristo.

Minha primeira riqueza foi ter nascido com deficiência de pele que mais tarde se tornaria câncer.

Minha segunda riqueza foi aprender com minha mãe a rezar e a compreender o plano de Deus em minha vida. Esta mãe se chama Maria Aparecida.

Minha terceira riqueza foi compreender com meu pai a saber julgar certos acontecimentos na nossa vida. Esse pai se chama Jesus Cristo.

Minha quarta riqueza foi compreender que não estou sofrendo, mas sim, lutando por uma grande família.

Minha quinta riqueza foi compreender que meu sofrimento não é maior que o dos outros, porque sempre existirá alguém sofrendo mais do que alguém.

Minha sexta riqueza foi compreender que na vida basta compreender que Deus é por todos e não por mim, porque devemos amar a grande família que é o mundo inteiro.

Minha sétima riqueza foi compreender que o terço é a chave da vitória e a cópia da chave da grande porta da nossa casa.

Minha oitava riqueza foi quando entendi que só existem duas grandes palavras: a primeira é o amor absoluto de Deus para conosco e a segunda é o silêncio que não questiona a primeira palavra.

Minha nona riqueza foi compreender que para todo canto que eu olhar, seja para as montanhas, as florestas, os rios ou o mar, eu não preciso de dinheiro para obter o que já é nosso. Porque Deus criou tudo isso, menos o dinheiro, a ganância e o poder.

Minha décima riqueza foi saber que todas as montanhas, todas as florestas, todos os rios... Um dia vou brincar sobre estas montanhas, caminhar sobre estas florestas e nadar nos rios, mas não estarei sozinho, porque o mundo inteiro está comigo.

Minha décima primeira riqueza, é declarar vitória na minha vida, porque fui um dos seres mais felizes sobre esta terra. Porque caminhei com o Dono de todas as riquezas!

Minha décima segunda riqueza foi quando Jesus Cristo me deu a certeza da vida eterna. Paulo Roberto.

Capítulo VII
VÍTIMAS DA MISERICÓRDIA

O coração de Jesus é ferido de amor, quando o soldado O transpassa com a lança, do Seu coração jorra para nós sangue e água, é o símbolo mais profundo da Sua misericórdia, e somos curados por Suas chagas, por Suas feridas. "O castigo que havia de trazer-nos a paz, caiu sobre ele, sim, por suas feridas fomos curados". (Isaías 53, 5).

O mistério da Sua Misericórdia, do Se derramar sobre nós, não se extingue na crucificação de Jesus mas continua na ressurreição. Quando Ele aparece ressuscitado para os discípulos com as portas fechadas, aparece chagado, com o Seu lado aberto e com Suas mãos chagadas. Isso significa para nós algo muito profundo que se completa na revelação de Jesus Misericordioso, a imagem que Santa Faustina apresenta para nós de Jesus Misericordioso, é Ele com o lado aberto, onde Ele coloca a mão sobre o Seu Coração e novamente jorra sobre a humanidade sangue e água.

Tudo isso para que possamos entender que o mistério de Suas chagas continua no meio de nós mesmo após a Sua ressurreição, como fez com Tomé (Jo 20,28). Para que entendamos que o sofrimento de nossa vida, continua sendo vivido para que Cristo continue vivo aqui na Terra.

O sacrifício de Jesus não é incompleto na Cruz, Ele completou todo o Seu sacrifício expiatório e permite a cada um de nós, quando passamos pelo sofrimentos da vida, se o fizermos de maneira sublime e ofertante, essa capacidade de se entregar, e podermos fazer parte junto com Jesus do Seu sacrifício. "Mas Iahweh quis esmagá-lo pelo sofrimento. Porém, se ele oferece a sua vida como sacrifício expiatório, certamente verá uma descendência, prolongará seus dias, e por meio dele o desígnio de Deus triunfará". (Isaías 53,10).

O sofrimento é algo que somos incapazes de evitar, existem sofrimentos humanos, os naturais da vida, do dia a dia, mas se, dentro desses sofrimento, nós formos capazes de oferecer,

UM SANTO SEM ROSTO

então, aquele sofrimento já não é mais somente um sofrimento, mas um sacrifício expiatório. E, por meio desse sacrifício que o Ungido oferece, é que os desígnios de Deus, triunfará.

Esse é o mistério que encontramos nas vítimas da misericórdia, o Pai olhando para nós, vê quando alguém de nós, na nossa dor, na nossa chaga, se oferece como sacrifício expiatório. Ele vê em nós outro Jesus, vê em nós a imagem do Seu Cristo, e, nesse momento, o Pai se compadece, como se compadeceu do Seu Filho na Cruz.

As vítimas da misericórdia tem dentro da Aliança de Misericórdia essa missão extraordinária, elas são pérolas que Deus dá ao Carisma para que a Misericórdia seja concretizada no meio de nós. Onde há oferta, onde há lenha, onde há sacrifício também há fogo! Esse holocausto de misericordia, a entrega, a oferta feita pelas vítimas, é exatamente o que trás fogo, avivamento e unção para a nossa vida de evangelização. Não é possível separar as duas dimensões: oferta e evangelização.

Quando a vítima da misericórdia entende que o seu sofrimento pequeno ou grande, curto ou longo, for oferecido como sacrifício expiatório, então Deus se utiliza e se utilizará daquele pequeno sacrifício para que os Seus desígnios, a Sua vontade se concretize sobre nós. "Mas na verdade levou sobre si o pecado de muitos e pelos criminosos fez intercessão". (Isaías 53,12).

As vítimas da misericórdia têm a força e a autoridade de oferecer a sua dor, os seus sacrifícios somados à sua carne aos sofrimentos, e completar na redenção de Jesus.

Carta de Madre Teresa de Calcutá às vítimas da misericórdia das Irmãs da Caridade:

"Aos colaboradores doentes e sofredores,
Completamos uns aos outros o que falta a Cristo, que bela a nossa vocação, sermos portadores do Amor de Cristo nas favelas. A vida de sacrifício de vocês é o cálice, ou melhor, os nossos votos são o cálice, e o sofrimento de vocês e o nosso trabalho são o vinho.

Ficamos juntos, segurando o mesmo cálice, e assim com os anjos em adoração saciamos a Sua sede ardente de almas.

Meus muito queridos filhos, vamos amar a Jesus com todo o nosso coração, vamos levar muitas almas a Ele.

Continuem sorrindo, sorriam para Jesus no seu sofrimento, como eu sou feliz por vocês, vocês me pertencem tanto quanto cada irmã aqui,

Olha meus filhos que sofrem e por amor a eles abençoo esse trabalho. Quando digo adeus, o resul-

tado é imediato.

Portanto, vocês são a nossa casa, o nosso tesouro."[17]

As vítimas da misericórdia são aqueles irmãos que nos impulsionam por sua experiência de oferta também à nós de oferecermos os nossos pequenos sofrimentos.

São pedras preciosas que nos edificam!

---

17 Livro Venha, seja minha Luz - Madre Teresa de Calcutá.

APÊNDICE

Cartas escritas por Paulo Roberto à Família Aliança de Misericórdia

"À minha Família Comunidade Imaculada do Espírito Santo, Aliança de Misericórdia, eu Paulo Roberto desejo a toda a comunidade um feliz ano novo!

Deus nos confirma a Sua Presença com Amor e com um arco-íris inteiro. Ontem, o arco-íris que se formava era a nossa família, nossa grande família. Deus está 'Ansioso' para que a nossa Comunidade continue crescendo e para que se forme também um arco-íris inteiro como o de ontem. Aquele arco-íris era Deus nos dando esperança nesta caminhada.

Deus está esperando que esta família que nasceu do Amor, use o mesmo Amor para com aqueles que estão do lado de fora.

Certa vez, vi um filme sobre Madre Teresa de Calcutá. Ela, Madre Teresa, viu um mendigo na estação de trem e este lhe dizia: 'Tenho sede! Tenho sede! Tenho sede!' Jesus está nos doentes e pede à nossa família 'Quero calor humano! Quero que me venham visitar'. Jesus está nos idosos pedindo-nos: 'Tenham paciência comigo, porque já estou velho e cansado de lutar'. Jesus está nas crianças de rua, nos pedindo: 'Quero que me compreendam e que me deem oportunidade!' Então, família do arco-íris que está se formando e que se formará completamente, peço a vocês que vão em busca Desse Jesus que está nas ruas, nos hospitais e abandonado nos asilos, pois Jesus espera que vocês usem o mesmo amor que Ele deu a vocês para ser compartilhado com todos os seres humanos, pois o ano começa e há uma nova esperança. Cabe a cada um de nós levar essa esperança aos irmãos que estão lá fora.

Que a paz esteja com todos nós!" (Alfenas, 2001)

Testemunho sobre Nivaldo da Cruz

"Queridos irmãos da Comunidade Aliança de Misericórdia, gostaria de passar a aquilo que estou sentindo sobre o nosso irmão Nivaldo, que é um grande homenageado. Hoje não é um dia de tristeza, mas sim um dia de saudade. Quem diria que o grande 'engraçadinho' seria um dos primeiros a voltar para 'Casa'. Para aqueles que estão chorando, tem um 'engraçadinho tirando sarro' desse monte de gente dizendo: 'Ô benção poderosa!'.

Irmãos, não fiquemos tristes pelo nosso irmão,

pois ele apenas voltou para casa. Está aí um grande exemplo daquilo que Jesus nos ensinou, o Amor simples. O Amor mais gostoso. Olhando para o exemplo do nosso irmão, que fé linda, ele conseguiu alcançar o Amor Simples, pois, vejamos o mandamento que Jesus nos transmitiu: 'Amai-vos uns aos outros como Eu vos amei' (Jo 13, 34) E o Nivaldo, acreditando que esse irmão poderia e pode livrar-se da tentação desse mundo, assim ele fez. Como seu descanso, conseguiu trazer o irmão, o seu irmão, o meu irmão, o nosso irmão Guilherme. E acreditando que Deus tudo pode, o Nivaldo nos pede que também acreditemos que aquele irmão de rua, que é marginalizado por nós pode se transformar em uma pessoa de coração humilde, assim como foi o nosso irmão Nivaldo.

Nivaldo agora intercede pelos filhos da Misericórdia, seu irmão Paulo Roberto pede também que você interceda pela nossa Comunidade. 'Irmãozão, me espere que logo eu vou te encontrar. Quero que você volte junto comigo para a casa do Nosso Pai. E ainda vamos tirar 'sarro' de tudo isso que te falo. Dorme com Deus, irmão!!! Amém!

Paulo Roberto Côrrea Mota"[18]

---

[18] Nivaldo, nascido na zona sul de São Paulo, era filho caçula de uma família de nove irmãos, alguns deles filhos de pais diferentes. Sua família sempre foi muito pobre, moravam todos juntos em um cômodo pequeno. Nivaldo não foi alfabetizado,

UM SANTO SEM ROSTO

Reflexão sobre a oração do Pai Nosso

"Queridos irmãos da Comunidade, gostaria de compartilhar com vocês alguns pensamentos que

---

mesmo matriculado na escola aos dez anos, não permaneceu. Seu envolvimento com as drogas começou aos doze anos de idade e a vida no crime aos quinze anos. Quase foi assassinado, teve princípio de overdose e o uso das drogas com o passar dos anos o deixou depressivo. Perdeu muitos amigos assassinados por causa do crime, em especial, o amigo mais querido que tinha sido assassinado no lugar dele, porque o haviam confundido com Nivaldo. Morreu entre os seus braços, no seu lugar.
Ao ouvir duas missionárias anunciar num dia em que se encontrava muito triste e angustiado que Deus o amava, fez uma experiência muito profunda com esse Amor e sentiu-se chamado a deixar de lado o revólver que carregava nas mãos e carregar consigo uma arma mais poderosa, um grande crucifixo que não o deixava mais. Tornou-se o primeiro filho da Aliança em nossa Casa de Acolhida, tornou-se pregador da Palavra.
No dia 16/9/2001 data de sua morte, após pregar para os meninos da antiga FEBEM (Fundação CASA), "Hoje mesmo estarás comigo no Paraíso" (cf. Lc 23, 43), Nivaldo não sabia que essa Palavra se cumpriria na sua vida. Voltando para casa, depois de evangelizar, percebeu que um dos meninos da Casa de Acolhida tinha voltado a usar drogas e havia fugido. Nivaldo se aproximou do Pe. Henrique e pediu para procurar o jovem pelas ruas de São Paulo. Já era hora tardia, e o padre não queria permitir a saída de Nivaldo, mas com toda a sua insistência e porque havia aprendido com o próprio padre que "O Bom Pastor dá a vida por suas ovelhas.", (cf. Jo 10, 11) foi, e não encontrando o jovem, ao voltarem para casa, sofreram um acidente de carro, e naquela madrugada, Nivaldo veio a falecer.
Sua morte não foi apenas consequência de um acidente, mas de uma vida entregue dia a dia.

tive após ter ido ao médico.

Tive algo em meu coração e em minha mente, que não é suficiente que nós rezemos o Pai Nosso somente com fé e confiança. Neste dia eu senti algo mais, sintam vocês também. Como a própria oração diz 'Pai Nosso', tiremos algo mais do coração para fazer esta oração. tiremos o amor ao próximo, porque você está bem, mas metade da humanidade está sofrendo. Você teve a oportunidade de sair das drogas, enquanto outros gostariam de ter a mesma oportunidade de sair das drogas; Você está enxergando, enquanto outros estão ficando cegos. Irmãos, hoje vocês estão vivos, amanhã estarão fazendo o seu velório. Hoje a sua família está bem, amanhã o seu pai e a sua mãe estarão entrando em divórcio; Hoje você está na rua andando tranquilamente, de repente você cai de mau jeito e não pode mais andar. Por isso irmãos, coloquemos também este algo a mais que vem do nosso coração na oração que fazemos à Deus. Porque nós temos o que comer enquanto outros estão chorando com fome.

Irmãos quando rezarem o Pai Nosso, lembrem-se também dos seus irmãos, rezem com amor e que sua oração seja sadia o suficiente para chegar aos ouvidos do Senhor. E que o Senhor atenda nossas preces mas que seja feita a Tua vontade assim na Terra como no Céu. A comida e a bebida de cada dia dai nos hoje. Perdoai nossas ignorâncias assim como nós perdoamos as ignorâncias de quem nos tem ofendido. Libertai-nos das tentações e principalmente libertai-nos do mal. Amém.

Assim eu vivo o meu dia, mas consciente da realidade em que vivemos. Se nós queremos construir um futuro melhor, não desperdicemos as nossas oportunidades com as coisas vãs. Por exemplo: aproveite você que enxerga, meu filho, e leia a Bíblia para aquele que não sabe ler. Não suje teus olhos com a pornografia, com a sexualidade que o mundo oferece, aproveite a perna que você tem para ir visitar um enfermo ou aquele que seu parente que está de cama, porque amanhã você estará de cama e será ele quem irá lhe visitar.

Espero que ninguém fique ofendido com isto que contei, pois tudo o que tentei passar foi aquilo que está em meu coração.

*Que Deus abençõe a todos nós.
Paulo Roberto."*[19]

Última de suas cartas

Dentre todas as cartas escritas por Paulo Roberto, deixou-nos um legado precioso de seu aprendizado aqui na Terra para levá-lo ao Céu e

---

19   Carta "Reflexão sobre a oração do Pai Nosso." sem data.

viver a vida eterna com o Pai. Trata-se de um caminho de santidade a ser seguido por todos nós.

*"2º Aniversário da Comunidade
Aliança de Misericórdia.*

Queridos irmãos e irmãs, gostaria de compartilhar novamente com vocês a alegria que é para mim estarmos juntos, reunidos em Nome do Senhor.
Irmãos, fiz questão de vir a esse encontro porque tenho um motivo muito especial.
Primeiro: Eu os amo muito, e mais nada posso fazer por vocês a não ser aconselhar e interceder com as dores das minhas feridas.
Segundo: Porque este pode ser o último ou um dos últimos retiros em que estarei com vocês, porque a doença já toma conta de grande parte do meu corpo, por isso, foi muito sacrificante para mim vir, ficar aqui com um de vocês.
Mas a alegria que eu sinto quando escuto as suas vozes cantando para o Senhor, recompensa todo cansaço e toda a exaustão.
Irmãos, como esta pode ser a última vez em que nos reunimos em retiro, gostaria de dizer algumas coisas, principalmente para os jovens. Irmãos, jovens de Deus, eu, Paulo Roberto, só tenho 19 anos de vida, mas, tudo o que vivi até hoje foi muito bom, não me arrependo de ter sido instrumento do nosso

Senhor, e o pouco que aprendi gostaria de passar para vocês.

Nunca se desesperem querida família, não troquem o muito que vocês tem por mixaria ou até mesmo por nada! Queiram sempre na vida, até o último dia da vida de vocês, aquilo que Jesus ofereceu cem vezes mais no céu, para aqueles que quiserem O acompanhar.

Irmãos, vocês nunca se esqueçam disso:

'Vocês são filhos do Rei! Rei do mundo, Aquele que criou o mundo e cada um de vocês, por isso, não se esqueçam que por menor que vocês tenham, vocês têm muito, porque todos vocês são filhos do Rei. Sendo assim vocês são príncipes e princesas, ricos e muito ricos, segundo a caminhada que os leva até a porta do castelo do nosso Pai. Aquele que nos dá tudo, que nos deu tudo e se cada um quiser sempre nos dará eternamente tudo.'

Então, irmãos, não se esqueçam, cada centavo, cada dobrão que trocam com o inimigo, vocês estão trocando muito por pouco ou até mesmo por nada.

Imaginem-se vocês, como crianças que estão sendo enganadas e na ingenuidade de crianças vocês dão cem dobrões por um pouquinho de prazer, mais ou menos três gramas de drogas. Vocês dão quinhentos dobrões por três milhões de páginas do livro da vida de vocês, onde neste livro o inimigo pode escrever o que quiser, como por exemplo anos de sofrimento, miséria, revolta, enfim, ele pode escrever o que quiser, porque vocês trocaram quinhentos dobrões de ouro do vosso Pai por três milhões de páginas do livro da vida de vocês. E agora perguntam: 'Pelo o que trocamos quinhentos dobrões?'

E lhes digo: 'Satanás ofereceu veneno que ele diz ser vinho ou talvez um bolo lindo por fora, mas por dentro, podre, velho e amaldiçoado'.

Por isso irmãos, não troquem o pouco que tem por nada, por maior que seja a dificuldade, esperem somente em Deus, no vosso Pai. Por mais que esteja frio, esperem somente pelo calor do manto de Nossa Senhora, vossa Mãe e um dia todo o frio, toda a necessidade, toda a vontade vai acabar, para sempre e nós estaremos reunidos numa Santa Ceia. Onde não haverá nem dor, nem pranto, nem tristeza, então louvaremos eternamente ao Rei e a Rainha, a Santíssima Trindade e Nossa Senhora Aparecida.

Irmãos, gostaria de lhes pedir somente uma coisa:

Vamos abrir os braços para mais vítimas de Misericórdia. Acolham elas com o mesmo carinho e amor que vocês me acolheram, porque são muitos que precisam desse amor e desse carinho e mais uma coisa, não fiquem abalados pelo o que eu disse, sobre mim, que a doença já toma grande parte das forças do meu corpo, pois a falta de forças só está tomando conta do meu corpo e não do meu espírito. O meu espírito está cada vez mais forte, por isso não devemos dar limites ao Poder de Deus.

Espero vos encontrar novamente e que Deus vos abençõe!
Paulo Roberto Corrêa Mota."[20]

---

[20] Última carta de Paulo Roberto à família Aliança de Misericórdia, escrito em ocasião do 2° Aniversário da Comunidade, 31/12/2001.

Paulo Roberto ao lado dos Fundadores da Comunidade Aliança de Misericórdia, Pe. João Henrique e Pe. Antonello Caddedu

Dona Josefa (mãe de Paulo Roberto), ao lado do filho e de Maria Paola, fundadora da Comunidade Aliança de Misericórdia.

Paulo Roberto e sua mãe Josefa, celebram na virada do ano 2001 juntamente com toda a Comunidade. Nesta data também a Aliança de Misericórdia comemorava 2 anos de fundação.

> assim humildemente como todos os santos que por este mundo passaram não neguem ao Senhor teu Deus nem mesmo diante da doença ou da morte.

Única carta escrita a próprio punho pelo Paulo Roberto. Nos seus últimos dias de vida, ele quase não enxergava mais. O câncer havia avançado tanto que havia comprometido parte de sua visão.

"Desfigurado pela dor, transfigurado pelo amor."
Paulo Roberto
Carapicuíba – SP
+10/01/2002 *25/02/1982